MEL BAY PUBLICATIONS, INC. • PACIFIC, MISSOURI 63069

 MEL BAY PUBLICATIONS, INC. • PACIFIC, MISSOURI 63069

MEL BAY PUBLICATIONS, INC. • PACIFIC, MISSOURI 63069

 MEL BAY PUBLICATIONS, INC. • PACIFIC, MISSOURI 63069

 MEL BAY PUBLICATIONS, INC. • PACIFIC, MISSOURI 63069

 MEL BAY PUBLICATIONS, INC. • PACIFIC, MISSOURI 63069

MEL BAY PUBLICATIONS, INC. • PACIFIC, MISSOURI 63069

MEL BAY PUBLICATIONS, INC. • PACIFIC, MISSOURI 63069

MEL BAY PUBLICATIONS, INC. • PACIFIC, MISSOURI 63069

 MEL BAY PUBLICATIONS, INC. • PACIFIC, MISSOURI 63069

MEL BAY PUBLICATIONS, INC. • PACIFIC, MISSOURI 63069

 MEL BAY PUBLICATIONS, INC. • PACIFIC, MISSOURI 63069

 MEL BAY PUBLICATIONS, INC. ● PACIFIC, MISSOURI 63069

 MEL BAY PUBLICATIONS, INC. • PACIFIC, MISSOURI 63069

 MEL BAY PUBLICATIONS, INC. ● PACIFIC, MISSOURI 63069

 MEL BAY PUBLICATIONS, INC. • PACIFIC, MISSOURI 63069

MEL BAY PUBLICATIONS, INC. • PACIFIC, MISSOURI 63069

MEL BAY PUBLICATIONS, INC. • PACIFIC, MISSOURI 63069

 MEL BAY PUBLICATIONS, INC. • PACIFIC, MISSOURI 63069

 MEL BAY PUBLICATIONS, INC. • PACIFIC, MISSOURI 63069

 MEL BAY PUBLICATIONS, INC. • PACIFIC, MISSOURI 63069

 MEL BAY PUBLICATIONS, INC. • PACIFIC, MISSOURI 63069

MEL BAY PUBLICATIONS, INC. • PACIFIC, MISSOURI 63069

 MEL BAY PUBLICATIONS, INC. • PACIFIC, MISSOURI 63069

MEL BAY PUBLICATIONS, INC. • PACIFIC, MISSOURI 63069

 MEL BAY PUBLICATIONS, INC. • PACIFIC, MISSOURI 63069

 MEL BAY PUBLICATIONS, INC. • PACIFIC, MISSOURI 63069

MEL BAY PUBLICATIONS, INC. ● PACIFIC, MISSOURI 63069

 MEL BAY PUBLICATIONS, INC. • PACIFIC, MISSOURI 63069

MEL BAY PUBLICATIONS, INC. • PACIFIC, MISSOURI 63069

MEL BAY PUBLICATIONS, INC. • PACIFIC, MISSOURI 63069

 MEL BAY PUBLICATIONS, INC. • PACIFIC, MISSOURI 63069

 MEL BAY PUBLICATIONS, INC. • PACIFIC, MISSOURI 63069

MEL BAY PUBLICATIONS, INC. • PACIFIC, MISSOURI 63069

 MEL BAY PUBLICATIONS, INC. • PACIFIC, MISSOURI 63069

 MEL BAY PUBLICATIONS, INC. • PACIFIC, MISSOURI 63069

MEL BAY PUBLICATIONS, INC. • PACIFIC, MISSOURI 63069

MEL BAY PUBLICATIONS, INC. • PACIFIC, MISSOURI 63069

 MEL BAY PUBLICATIONS, INC. • PACIFIC, MISSOURI 63069

 MEL BAY PUBLICATIONS, INC. • PACIFIC, MISSOURI 63069

MEL BAY PUBLICATIONS, INC. • PACIFIC, MISSOURI 63069

 MEL BAY PUBLICATIONS, INC. • PACIFIC, MISSOURI 63069

 MEL BAY PUBLICATIONS, INC. • PACIFIC, MISSOURI 63069

MEL BAY PUBLICATIONS, INC. • PACIFIC, MISSOURI 63069

MEL BAY PUBLICATIONS, INC. • PACIFIC, MISSOURI 63069

 MEL BAY PUBLICATIONS, INC. • PACIFIC, MISSOURI 63069

 MEL BAY PUBLICATIONS, INC. • PACIFIC, MISSOURI 63069

 MEL BAY PUBLICATIONS, INC. ● PACIFIC, MISSOURI 63069

 MEL BAY PUBLICATIONS, INC. • PACIFIC, MISSOURI 63069

 MEL BAY PUBLICATIONS, INC. • PACIFIC, MISSOURI 63069

 MEL BAY PUBLICATIONS, INC. • PACIFIC, MISSOURI 63069

 MEL BAY PUBLICATIONS, INC. • PACIFIC, MISSOURI 63069

 MEL BAY PUBLICATIONS, INC. • PACIFIC, MISSOURI 63069